叶永烈讲科学家故事

热爱星星的孩子

叶永烈 著　何 煦 绘

科学普及出版社
·北 京·

图书在版编目（CIP）数据

叶永烈讲科学家故事 . 热爱星星的孩子 / 叶永烈著；何煦绘 . -- 北京：科学普及出版社，2021.8

ISBN 978-7-110-10253-4

Ⅰ. ①叶… Ⅱ. ①叶… ②何… Ⅲ. ①科学家－生平事迹－世界－青少年读物 Ⅳ. ① K816.1-49

中国版本图书馆 CIP 数据核字（2021）第 082090 号

策划编辑　张敬一　朱　颖　魏雨萌
责任编辑　梁军霞
美术编辑　朱　颖
正文设计　中文天地
责任校对　张晓莉
责任印制　李晓霖

出　　版　科学普及出版社
发　　行　中国科学技术出版社有限公司发行部
地　　址　北京市海淀区中关村南大街 16 号
邮　　编　100081
发行电话　010-62173865
传　　真　010-62173081
网　　址　http://www.cspbooks.com.cn

开　　本　889mm × 1194mm　1/20
字　　数　100 千字
印　　张　7.25
版　　次　2021 年 8 月第 1 版
印　　次　2021 年 8 月第 1 次印刷
印　　刷　北京利丰雅高长城印刷有限公司
书　　号　ISBN 978-7-110-10253-4 / K · 168
定　　价　38.00 元

目 录

鲁班

（前 507—前 444）

中国古代的建筑工匠。相传姓公输，名般，也作班、盘。春秋时鲁国人，所以通称“鲁班”。曾创造攻城的云梯和磨粉的石磨。相传曾发明多种木作工具。被后世建筑工匠、木匠尊为“祖师”。

从“班门弄斧”说起——鲁班

采石江边一堆土，李白之名高千古。
来来往往一首诗，鲁班门前弄大斧。

这是明朝诗人梅之焕瞻仰了李白墓之后写的小诗。其中“鲁班门前弄大斧”一句，为后人所传诵，以至有人添了一句，变成对偶句：

鲁班门前弄大斧，关公面前舞大刀。

有个成语叫“班门弄斧”，比喻在行家面前卖弄本领，也说到鲁班。

鲁班叫公输般，有的书上也写作公输班，是春秋末年的巧匠，人们尊之为木工的开山鼻祖。

因为他是鲁国人，所以叫他鲁班。

由于年代久远，关于鲁班的生平，现在知道很少。但是，关于鲁班的传说却很多。

据传说，锯就是鲁班发明的。考古工作者近年来在陕西蓝田县、武功县分别发现西周时期的铜锯，时代早于鲁班。因此，有人认为流传多年的鲁班发明的锯子的故事并不可靠，但此说尚无定论。

那时候，木工的工具只有斧头。鲁班带着徒弟，上山用斧头砍伐树木，非常吃力，累得满头大汗。有一次，他

的手破了，鲜血流了出来。他一看，手是被野草叶子割破的。野草叶子怎么这样厉害呢？鲁班仔细一看，这叶子长长的，边缘上有许多锋利的小齿。

鲁班深受启发，便在铁片上做出许多小齿，发明了锯。用锯锯木头，比用斧头砍木头方便、省力多了。

现代有一门研究生物系统的结构、功能等用来改进工程技术系统的科学，叫作仿生学。如此看来，鲁班在野草叶子的形态启发下发明了锯子，也可以说是仿生学应用于实际的一个简单的例子。

据传说，木工用的刨、钻、铲、曲尺等工具，也是鲁班发明的。至今，有人仍把曲尺称为“鲁班尺”。

起初，鲁班在画墨线的时候，自己拿着一头，他母亲拿着另一头。后来，他发明了墨斗弯钩，这样画线时就用不着两个人了。至今，墨斗弯钩被人们称为“班母”，意思是说它代替了鲁班的母亲。

据说，石磨也是鲁班发明的。

本来，人们用石杵在石臼中把米捣成粉，又慢又费

力。鲁班发现用手搓米，能把米搓碎。于是，就用两块圆石头来搓米，发明了石磨。

关于鲁班的传说还有很多，甚至有人说赵州桥也是鲁班修的，那是越传越神了。其实，赵州桥是隋朝石匠李春带领工匠建造的。人们为什么把赵州桥也说成是鲁班修的呢？这是因为鲁班在人们的心目里，已经成了聪明、智慧的象征了。

不过，还有一个关于鲁班的传说，是值得记取的：

小时候，鲁班雕刻一只凤凰，结果雕出来的却像只鸡，一点儿也不好看，人们都嘲笑他把凤凰变成了鸡。后来，鲁班不断学习雕刻，手艺不断提高，终于雕出了一只美丽的凤凰，受到人们的赞扬。

这个故事告诉我们：熟能生巧，天才出于勤奋。鲁班并不是生下来就心灵手巧的，而是经过了刻苦的努力，才成了一位被世人称颂的神匠！

张衡

（78—139）

东汉科学家、文学家，字平子。河南南阳西鄂（今南阳石桥镇）人。曾任郎中、尚书侍郎等职，两度担任掌管天文历法的太史令。创制世界上最早利用水力转动的浑天仪（也叫“浑象”）和测定地震方位的地动仪。他第一次正确解释了月食的成因。天文著作有《灵宪》等。文学作品有《二京赋》《归田赋》《四愁诗》《同声歌》等。

龙嘴里吐出了铜球——张衡

东汉顺帝永和三年（138），京都洛阳传开了惊人的消息：

“发生地震啦！”

“京都西面发生地震啦！”

太史令张衡制造的地动仪有动静！

然而，在京都，谁也没觉察发生过地震。

几天过去了，谁也没听说哪儿发生过地震。

京都学者怀疑张衡地动仪的效果。

过了数日，洛阳西面的陇西送来了公文，说那里前几天发生了地震！学者们都叹服地动仪的精妙。

陇西位于今甘肃省西南部，离洛阳很远。

原来，在张衡生活的年代，地震十分频繁。光是从公元 96 年到 125 年这 30 年间，就有 23 年发生过大地震，有好几次就发生在洛阳附近。正因为这样，地震引起了张衡的注意。

张衡经过多年的摸索，在顺帝阳嘉元年（132）制成了世界上第一架测定地震的仪器，叫作“地动仪”。

地动仪是由铜做的，直径八尺（约 3 米），样子像酒坛。在这个“酒坛”的外壁上，倒挂着八条龙。每条龙的嘴里都含有一个铜球。每条龙下面，蹲着一只铜蟾蜍。蟾蜍仰着头，张大嘴巴。八条龙的龙头，分别朝着东、南、西、北、东南、西南、西北、东北。哪个方向发生地震，哪个方向的龙嘴里的铜球就震落下来。

那天，朝西面的龙嘴里的铜球落下来了，于是，张衡断定是京都西面发生了地震。

地动仪是根据惯性原理设计的。发生地震之后，地震波传来，地动仪中间的“都柱”（类似于惯性运动的摆）就受到震动，朝哪个方向偏动，通过杠杆，就使哪个方向的龙嘴张开，铜球坠落。

在一千八百多年前，张衡能够制造出这样精巧、灵敏、准确、造型美观的仪器，实在令人叹服！

张衡的祖父张堪，曾当过蜀郡太守。到张衡出生时，家道已经衰落，生活贫苦。但是张衡有志气，他说过：“不患位之不尊，而患德之不崇；不耻禄之不夥，而耻智之不博。”意思是说：“不担心自己的地

位不高，而担心自己的道德不高尚；不应当为收入菲薄而害羞，而应当为知识不广博而害臊。”

张衡为人正直，知识渊博。他当过太史令、郎中、尚书侍郎等官职，在皇宫里工作过，但受人排挤，郁郁不得志。

张衡在科学上的另一大贡献是在117年制成了浑天仪。这是一种观测天象的天文仪器。什么是“浑天”呢？原来，在那时候，人们以为大地是平的（一说像覆着的盘），天像一只巨大的碗反扣在大地上面，这叫“盖天说”。张衡根据自己对天文学的研究，认为地好像蛋黄，天好像蛋壳，包在地的外面，叫作“浑天说”。浑天说比

盖天说进步多了。浑天仪是用铜做的，内有几层圆圈可以转动，上面刻着日、月和各种星辰。这个大铜球可用水力使它慢慢转动，转动一周的速度跟地球自转一周的速度一样。人们从浑天仪上可以看出星辰日月是怎样运动的。这在当时，是天文学上的一大创造。

张衡用肉眼观测星星，曾把观测结果画成一幅星图。当时，他看到的星星有 2500 多颗。现在天文学上观测到的六等以上的星（即可用肉眼看见的星）为 3000 颗左右，只多了 500 多颗。可见张衡在 1800 多年前研究天文是多么细心！

张衡不仅是一位科学家，而且是一位文学家、画家。他 29 岁的时候，写过《东京赋》《西京赋》。这两篇散文深受人们欢迎。据说，张衡写这两篇散文，前后花了 10 年时间！他著有诗、赋等 32 篇。张衡绘画、书法也很不错。他还喜欢数学，算出圆周率为 $\sqrt{10}$ ①，即 3.16。

① $\sqrt{10}$，即 10 的平方根。

张衡逝世于陇西地震后的第二年，终年 62 岁。

1956 年，河南南阳重修了张衡墓，深切怀念这位杰出的科学家。郭沫若为张衡墓碑题词:“如此全面发展之人物，在世界史中亦所罕见。”

华佗

（约 145—208）

东汉末医学家。又名旉，字元化。沛国谯县（今安徽亳州）人。精通内、外、妇、儿、针灸各科，尤其擅长外科。创用麻沸散给患者麻醉后施行腹部手术。创五禽戏，强调锻炼身体。后来因不服从曹操的征召被杀。

妙手神医——华佗

在《三国演义》第七十五回，有一个脍炙人口的故事——“关云长刮骨疗毒”。

关云长的右臂被曹军的弓弩手射中一箭，“箭头有药，毒已入骨，右臂青肿，不能运动”。

这时，名医华佗坐了小船，专程赶来给关云长治疗。关云长一边与马良下棋，一边伸臂让华佗刮骨疗毒。这

时，“佗乃下刀，割开皮肉，直至于骨，骨上已青；佗用刀刮骨，悉悉有声。帐上帐下见者，皆掩面失色。公饮酒食肉，谈笑弈棋，全无痛苦之色”。没一会儿，华佗刮尽毒药，关云长马上“臂伸舒如故，并无痛矣”。人们钦佩关云长的英雄风度，也钦佩华佗的神医妙手。

这段故事只是一种传说，它的真实性并不可靠，但是在历史上华佗确有其人，而且确实是古代一位妙手回春的神医。如今，人们还常常用“华佗再生”“华佗在世”之类的词句来形容医术高明的医生，可见华佗的影响之深。

在史书上，记载着许多关于这位名医的动人故事。

有一次，一个人的肚子痛得非常厉害。华佗检查了一下，断定是“肠痈”（即盲肠炎），必须开刀治疗。于是，华佗便用酒配制了麻醉药——“麻沸散”，让病人喝下。没一会儿，病人就昏昏沉沉，不省人事。这时，华佗用煮沸过的小刀划开病人的右下腹，切除溃烂的盲肠，再用消毒过的线缝合。过了一个月，病人就痊愈了。

据考证，华佗是历史上第一个使用全身麻醉的人。过了 1700 年之后，欧洲人才开始使用麻醉药。另外，在三国时代能够施行这样的开刀手术，也是很难得的。

华佗很注意收集民间单方。有一次，他在路上遇见一个人在车中呻吟，一问，说是咽喉阻塞。华佗嘱咐他只消到前面的饼店里买个大饼，加上三两蒜泥和半碗醋，调和着吃下去，就会好的。那人按照华佗的吩咐去做了。不久，竟吐出一条长长的蛔虫。原来，华佗曾多次遇上这样的病人，采用这种民间单方，既简单又见效，药到病除。

华佗除了给人治病之外，还常常劝人加强锻炼，增强体质，预防疾病。他模仿虎、鹿、熊、猿和鸟这五种动物的动作，创造了一种医疗体操——“五禽戏”。华佗曾教许多人做五禽戏。他自己也每天坚持练五禽戏，所以 50 来岁时，还能翻山越岭，健步如飞，身体很好，牙齿也一颗未掉。他的学生吴普，每天做五禽戏，竟活到 90 多岁。

华佗不仅医术高明，热心助人，更可贵的是，他刚正不阿，不畏权势。

曹操在东汉末年时，当上了丞相。他患有偏头风，时

常发作。听说华佗是神医，便请他治病。华佗用毫针刺在曹操的“鱼腰”“攒竹”两个穴位上，治好了曹操的病。曹操要留他在身边做侍医，华佗不愿光为他一个人服务，就借口妻子有病，回家乡去了。

不久，曹操的偏头风又发作了，派人到乡下找华佗。结果发现华佗正忙着给乡亲们看病，而他的妻子压根儿没有病。

曹操大怒，要处死华佗。曹操的谋士荀彧连忙请求曹操宽恕华佗:“华佗的医术确实高明，关系别人的生命，应该加以宽容，留他的性命。”曹操不听。

华佗曾写过一部医学著作《青囊经》。他在狱中，想把这部书稿交给一个姓吴的牢头，以便将来有机会印成书，造福后代。可惜，这位牢头害怕自己受牵连，不敢接受。华佗在悲愤之中，用火烧掉了这部宝贵的著作。

这位五十多岁的神医死于曹操刀下。

就在华佗被处死之后不久，曹操也病重而亡。

人民深深怀念这位不屈的神医。至今，徐州城内还保存着华佗墓。在华佗的故乡亳州，建有华祖庙。

祖冲之

（429—500）

南北朝时期南朝的数学家、天文学家。字文远。范阳遒（今河北涞水县北）人。他推算出圆周率 π 的值在3.1415926和3.1415927之间，并提出了 π 的约率22/7和密率355/113，密率值要比欧洲早一千多年。在天文方面，他编制了《大明历》。又曾改造指南车，制作水碓磨、千里船等。数学著作有《缀术》和《九章术义注》，都已失传。

月球上有他的名字——祖冲之

随着人类飞上太空，人们对月球的了解也越来越详细。如今，人们已经绘制出详细的“月图”。在月亮背面的月图上，你可以看到一座山标明“祖冲之山”。

祖冲之是南北朝时的著名数学家、天文学家，享有很高的国际声誉。月球上的

山脉用他的名字命名，就是一种象征。

祖冲之在数学上的重要贡献是求得了圆周率的七位小数的精确值。他所提出的圆周率的密率，比荷兰工程师安托尼兹早了一千多年。

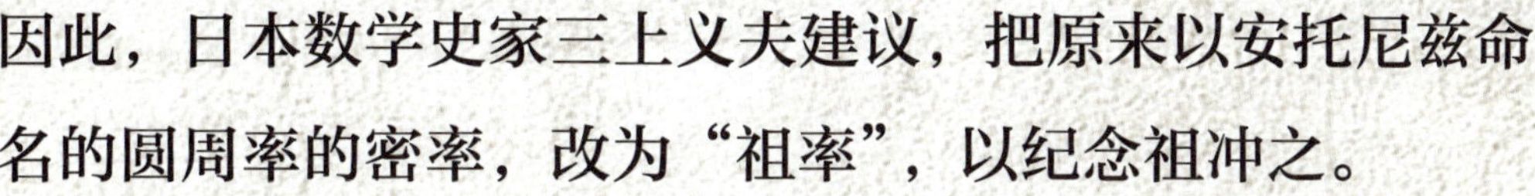

因此，日本数学史家三上义夫建议，把原来以安托尼兹命名的圆周率的密率，改为“祖率”，以纪念祖冲之。

所谓圆周率，就是圆周长与直径长之比。圆周率通常用希腊字母 π 表示，因为希腊文中“周围”一词的开头字母是 π。求算 π 的值是数学上一个耐人寻味的问题，许多数学家为求算 π 的值花费了多年的精力。

我国的数学家研究 π，很早就开始了：

在西汉的《周髀算经》里，就有“周三径一”的记载，也就是取 $\pi = 3$。

东汉时，张衡认为，$\pi=\sqrt{10}=3.16$。

三国时，刘徽算出，$\pi=157/50=3.14$；后来又算出，$\pi=3927/1250=3.1416$。

祖冲之又远远超过了刘徽，算出 π 为 3.1415926 与 3.1415927 之间，是世界上最早的七位小数精确值。

直到一千年后，15 世纪阿拉伯数学家阿尔·卡西和 16 世纪法国数学家维叶特，才超过他。

祖冲之还用两个分数值来表示圆周率：

约率 $\pi=22/7=3.14$，

密率 $\pi=355/113=3.1415929$。

直到一千年后，法国数学家奥托和荷兰工程师安托尼兹才得出与祖冲之相同的密率。

这就是说，祖冲之不论是对 π 的计算，或 π 的密率的提出，都比外国科学家早了一千多年——这，正是祖冲之对数学的卓越贡献之一。

祖冲之用什么方法推算 π 的值的，史书上没有记载。

如果用一般的方法计算，算出 π 的小数点后七位数，一定要运算 130 次以上，其中包括开方运算在内，是很不容易的。

祖冲之的祖父、父亲，都很喜爱数学，对天文历法也很有研究，祖冲之受家学影响很大。

祖冲之曾当过县令、长水校尉等。他的另一项重要贡献是在天文历法方面，计算出在 391 年中要有 114 个闰年。

祖冲之的著作有很多，除数学著作《缀术》《九章术义注》外，还有注解《易》《老子》《庄子》等的著作数十篇，可惜大都散失了。

不仅如此，祖冲之还是一位文学家，写过十卷小说哩！他对音乐也相当精通。

喻皓

（五代末—北宋初）

建筑家。生于五代末、北宋初。又称预浩、预皓、喻浩。浙东人，曾任杭州都料匠。擅长营造，尤善建塔。在建造开封开宝寺塔时先做模型，然后施工，历时八年建成（宋太宗端拱二年，也即公元989年竣工）。杭州建梵天寺塔时，他科学地解决了木塔的稳定问题。所著《木经》三卷，是重要的建筑专著，已佚。

“活鲁班”——喻皓

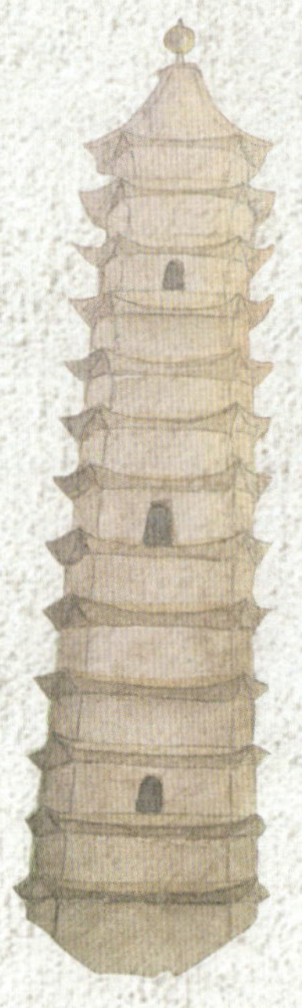

北宋端拱二年（989），东京（即开封）建成了一座十三层的塔。这塔呈八角形，塔上安放菩萨雕像，塔下作为“天宫”——人们朝拜菩萨的地方。这塔名叫“灵感塔”。

负责设计、施工的，是特地从杭州调来的名匠喻皓，人称“活鲁班”。

灵感塔建成之后，人们觉得这一次“活鲁班”似乎太粗心了，那塔身有些朝西北方向倾斜！

听到别人的议论，喻皓笑了，说道：“这是我特地设计的。这里土质比较松，加上常年吹西北风，这塔建成之后，过了几十年、上百年，塔身会向下陷落一些，经西北风不断地吹，正好会慢慢矫正过来。”

人们听了非常佩服，夸他到底是“活鲁班”！

又有一次，人们在杭州建造一座木塔。造到第三层时，觉得塔摇摇晃晃的，不敢再造第四层。

人们赶紧把“活鲁班”请来。

喻皓上上下下仔仔细细看了一番，说道：“只消[2]在每一层上都铺上木板，把木板钉在木梁上。这样，增加了横向的拉力，塔就不会摇晃了。”

工匠们采纳了喻皓的意见。果真，塔变得非常稳定，一点儿也不摇晃了。

编者注：② 消：需要（前面常带“不、只、何”等）。

人们佩服喻皓，把他称为“活鲁班”，说他的本事是神仙赐的。喻皓笑笑，不以为然。他的本事是从哪里来的呢？你只消知道下面这个故事，就明白了。

在开封城里，有一座唐朝时建造的相国寺。它具有十种各具一格的建筑结构，号称“十绝”。

喻皓一到开封，就跑到相国寺去，细细查看。慢慢地，他看懂了十绝中的九绝，还有一绝看不懂。

哪一绝呢？就是屋檐四角的向上卷的“卷檐”结构。

喻皓先是站在那里，仰着头看。站累了，坐下来看。坐累了，干脆躺在地上，认认真真地看。

他经过反复分析，终于弄懂了卷檐的结构，知道用什么办法建造这种卷檐。

喻皓那料事如神的本领就来自他刻苦学习，善于汲取别人的长处。

喻皓曾写过一本书，叫作《木经》，可惜没有流传下来。他做过多年的木工，后来学会了设计。他干中学、学中干，不断增长知识、提高本领。

沈括

（1031—1095）

北宋科学家、政治家。字存中，杭州钱塘（今浙江杭州）人。仁宗嘉祐八年进士。神宗时参加王安石变法运动。晚年失意，住在江苏镇江东郊的梦溪园，把平生见闻写成《梦溪笔谈》。他在天文学、数学、地质学、药用植物与医学方面都有贡献。还著有《良方》十卷和《长兴集》等。

多才多艺的科学家——沈括

本篇故事的主角叫沈括，他是北宋时代的著名科学家。

在这里，先请你看一段日本数学史家三上义夫在《中国算学之特色》一书中，对沈括的评价：

“日本的数学家没有一个比得上沈括，像中根元圭精于医学、音乐和历术，但没有沈括的经世之才；本多利

明精于航海术，有经世之才，但不能像沈括那样多才多艺……沈括这样的人物，在全世界数学史上找不到，唯有中国出了这一个人。我把沈括称作中国数学家的模范人物或理想人物，是很恰当的。”

英国剑桥大学李约瑟教授在他的《中国科学技术史》一书中认为：

“沈括可算是中国整部科学史中最卓越的人物。”

李约瑟还把沈括的名著《梦溪笔谈》誉为“中国科学史上的坐标”。

沈括的父亲沈周宦做过太常寺少卿。沈括的母亲也颇有学问。沈括从小就喜欢读书，各种杂书都爱看。小时候，他曾跟随父亲到过泉州、开封、南京、苏州等地，大开眼界。

父亲死后，沈括做过县官。32岁时，考中进士。后来调到东京（开封），在皇家图书馆中读了不少书。他还做过司天监，研究过天文和历法。不久，他又奉命到好几个地方负责治水；当过使节出使契丹；还当过指挥官打过

仗。51岁时，他被罢官，开始专心地画全国地图——《天下州县图》。从57岁起，他在江苏镇江东门外的梦溪园里隐居起来，写出了《梦溪笔谈》。65岁时，逝世于此。

沈括多才多艺，是一位博学家。他的《梦溪笔谈》涉及天文、气象、历法、数学、物理、化学、生物、医药、地质、地理、文学、史学、音乐、艺术等方面的知识。这广博的知识，是沈括刻苦学习得来的。

沈括为了测定北极星的位置，在3个多月中，每天晚上起床3次（上半夜、午夜、下半夜各一次），观看天象，画在星图上。3个多月中，共画了200多幅图。那时候没有闹钟，这样每夜准时起床3次，是何等不容易呀。没有坚强的毅力，是办不到的！

沈括罢官以后，被软禁在湖北随州一个又冷又潮湿的庙——法云禅寺里，整整花了3年时间，编绘全国地图。原来，他早就想着手这一工作，平时随身带着图稿，到什么地方就画一点。由于公务繁忙，未及整理。这时，他趁被闲置的机会，细细画图，再经过不断修改，终于完成了

《天下州县图》。这幅地图的总图，高一丈二尺（4 米），宽一丈（3.3 米）。另外，还附有 19 幅分图。从着手画草图开始，到最后完成，前后共花费了十二年时间！

沈括很喜欢动手做实验。比如，为了研究共振现象，他剪了一个小纸人，“骑”在一根琴弦上，再拨动另一根琴弦，看到那小纸人也振动起来，便断定这两根琴弦在共振。

沈括很谦虚，常向各种人请教，“或医师，或里巷，或小人，以至士大夫之家，山林隐者，无不求访”。他到了延安一带，便去察看石油，并把自己的见闻写进了《梦溪笔谈》。“石油”一词，最早就是见于《梦溪笔谈》这本书。他在杭州看到人们用毕昇创制的胶泥活字排字印刷，就详细调查了制作过程，还了解了毕昇的生平，写入《梦溪笔谈》。如今，我们正是从这本书中了解到毕昇的生平。如果不是沈括把他记下来，恐怕后人就不知道毕昇其人了。

沈括看问题很精细，常有自己独特和精辟的见解。比如，在开封的相国寺里有一幅壁画，画着一个管弦乐队在演奏。有人看了以后，说画家画错了：当管乐演奏者在吹“四”字音的时候，那个弹琵琶的居然与大家不合调，手指不是在拨“四”字音所在的上弦，却是掩着下弦。

沈括看了之后，却认为画家很高明，深知音乐。他说：弦乐跟管乐不同。演奏管乐时，手指头扫在什么音，就发生什么音，是同时的。演奏琵琶则不同，只有当手指拨弦之后，才会发音，动作是早于声音。正因为这样，当管乐演奏者奏“四”字音时，弹琵琶的人的手指看上去不在弹“四”字音。

大家听了沈括的高见，都异常佩服。

还有，唐朝的白居易写了《游大林寺》一诗，其中有两句“人间四月芳菲尽，山寺桃花始盛开”。这首诗写于唐元和十二年四月初九（公元 817 年 4 月 28 日）。许多人认为，白居易写错了，那时桃花早就开过了。可是沈括根据自己的观察，知道深山里比较寒冷，花开得迟，所以认为白居易的诗没有错，反而说明诗人很尊重客观事实。

如今，据地理学家测定，在山上高度每升高 200 米，气温平均要下降 1 摄氏度，证明沈括的见解是正确的。

沈括晚年多病，但还是坚持写完了《梦溪笔谈》。除了这本书，他还写过 35 本以上的著作。他晚年因受人排挤，心境不好，病中骨瘦如柴。有一次乘船过江，差一点掉到江里，幸亏旁边的人把他拉住，才没有落水。他去世后多年，《梦溪笔谈》才得以出版。

李时珍

（1518—1593）

明代杰出医药学家。字东璧，号濒湖，蕲州（今湖北蕲春）人。经二十七年的艰苦劳动，著成《本草纲目》，收录原有诸家《本草》所载药物共 1518 种，新增药物 374 种。全书总结了 16 世纪以前中国人丰富的药物经验，对后世药物学的发展作出了重大贡献。他还著有《濒湖脉学》《奇经八脉考》等。

花费二十七年写巨著——李时珍

《本草纲目》是一本闻名世界的巨著。

说它“闻名世界”，是因为它早已被译成拉丁文、英文、日文、德文、法文、俄文和朝文，在世界各国出版。

说它是“巨著”，可以用这样一些数字来表达：

全书共 190 多万字。

全书共 52 卷，分为 16 部、60 类。

全书记载药物 1892 种，附药方 11096 个，附药物形态图 1160 幅。

这部巨著的作者是明朝医药学家李时珍。他从 34 岁写这部巨著，完成时已 61 岁，整整花费了 27 个年头！

李时珍写作这部巨著时，参看了近千种著作。他前后经过三次修改，才最后定稿。他为写这本书而作的札记，据估计有一千万字。他为写这本书，走了上万里的路，访问了上千个人。

以上这一大串数字，不仅勾出了这部巨著的“巨”字，而且勾画出了作者的勤奋、刻苦和坚韧。

李时珍字东璧，号濒湖，出生在蕲州（今湖北蕲春）。他的祖父、父亲都是医生。李时珍从小受家庭影响，喜爱医学。然而，他的父亲还是希望他通过科举求得功名，因为那时候医生的社会地位实在太低了。李时珍 14 岁时考上秀才。此后，三次参加乡试，都名落孙山。李时珍决心做一个医生，从二十四五岁起，就开始行医了。

李时珍一边行医，一边钻研医药书籍。他读了《神农本草经》《本草经集注》《唐本草》《蜀本草》《证类本草》《开宝本草》《嘉祐本草》等许多“本草”（古代药物学的别称），从中学到不少知识，同时也看到书中许多错误和遗漏的地方。

比如,《日华子诸家本草》这本书中把虎掌与漏篮子写成同一种药物。实际上，虎掌是有毒的，跟无毒的漏篮子是两回事。如果医生照这本书配药，那该多么危险！

又如，南北朝时的名医陶弘景

认为，巴豆是一种泻药。而李时珍根据自己的行医经验证明，巴豆用量大，会引起腹泻；用量小，却能止泻！

另外，李时珍从民间搜集了许多单方，认识了许多新药。

于是，在 34 岁的时候，李时珍决定写作《本草纲目》。为了写作这部巨著，李时珍花费了毕生精力。他知道医药关系到人的生命，写作时非常慎重，遇上不明白的地方，尽可能去实地调查。

李时珍听说家乡蕲州有一种毒蛇，叫作蕲蛇，是很贵重的药材。为了弄清楚这种蛇究竟是什么样子的，爱吃什么东西，李时珍决心到蕲蛇的产地——龙峰山去仔细调查。

龙峰山又高又险。李时珍在捕蛇人的帮助下，冒着生命危险，爬上了龙峰山，来到一个杂草丛生的山洞。在那里，他终于亲眼看到了凶猛的蕲蛇。这种满身黑质白花的蕲蛇，正在吃一种长着绿色小圆叶的野藤——“石南藤”。在那里，李时珍还亲眼看到捕蛇人是怎样捕捉蕲蛇，怎样

把蛇剖开、洗干净，并把它烘干成药材的。后来，李时珍就根据自己亲眼看到的情景，详细地记录了蕲蛇的形状、产地、习性、药用价值，纠正了许多医书上对蕲蛇的一些不正确的传说。

那时候，人们还传说穿山甲可以作为药材，可是对穿山甲的习性却了解很少。李时珍跟几个砍柴人和猎人一起来到深山，捉住了穿山甲。李时珍剖开了穿山甲，发现它的胃里差不多有一升蚂蚁——这就是说，穿山甲是靠吃蚂蚁长大的。可是，穿山甲又是怎样吃蚂蚁的呢？李时珍又到深山里观察，亲眼看到穿山甲扒开蚁穴，把头伸进去，用舌头舐蚂蚁吃。后来，他就在《本草纲目》中，很详细地记述了穿山甲的习性。

当然，李时珍不可能对每一种药物都进行实地考察。科学是老老实实的学问。李时珍治学非常严肃，不懂就说不懂。有一次，李时珍从一本唐代的书上看到，外国有一种“食蛇鼠”，能吃毒蛇；人如果被毒蛇咬伤，只消抹上这种鼠的尿便可解毒。李时珍觉得这种说法不一定可靠，

又无法找到“食蛇鼠”。于是，他就如实地写上，这件事是否可靠，请后人查证。

李时珍花了 27 年工夫，再加上他的儿子、孙子、徒弟帮助他抄、画，终于完成了这部巨著。

徐光启

（1562—1633）

明代科学家。字子先。上海徐家汇人。万历三十二年（1604）进士。崇祯五年（1632）升任礼部尚书兼东阁大学士，并参与机要。崇祯六年（1633），兼任文渊阁大学士。他较早师从意大利传教士利玛窦学习研究并介绍西方科技知识，对当时社会生产有促进作用。曾编著《农政全书》，并主持编纂《崇祯历书》；译著甚多，以《几何原本》最为著名。

"徐家汇"的来历——徐光启

熟悉上海的人都知道"徐家汇"。

"徐家汇"这地名怎么来的呢？原来，著名科学家徐光启死后葬在这里（今上海徐家汇南丹公园内），徐光启的子孙们曾住在这里，而这里又正好是李纵泾（即法华浜）和肇

嘉浜两河汇合之处，所以叫作“徐家汇”。

1562年，徐光启出生在上海县。他父亲本来经商，后来亏本，只好种田为生，母亲纺纱织布，过着“男耕女织”家境清贫的日子。

徐光启19岁考上秀才。此后，他几次去考举人，均没有考中，只好在家乡教书。35岁时他到北京考举人，考卷竟被一个阅卷官所摒弃。幸亏有一个很重视人才的主考官焦竑看到了那份被遗弃的考卷，觉得考生很有才学，发榜时，徐光启名列第一，中了举人。42岁时中进士。

从那以后，徐光启做了三十多年的官。不过，他做官也并不顺利。常常受人排挤，几次被罢官。

1600年，徐光启在南京结识了在华耶稣会会长、意大利传教士利玛

窦[3]。利玛窦懂得许多科学知识，而徐光启喜爱科学，两人非常投机，意气相融。

徐光启从利玛窦那里看到了古希腊数学家欧几里得的名著——《几何学原本》，深感兴趣，便请利玛窦讲解，把它译成中文。这本书共 15 卷（后二卷不属欧几里得本人所著），他们共同合作译了前 6 卷。

徐光启 45 岁的时候，父亲病故。按照那时候的规定，必须回家守孝 3 年。在这 3 年里，徐光启亲自种田。有一次，一位朋友从福建来，给他带来了甘薯。徐光启从来没见过甘薯，吃了以后很感兴趣。于是就托人从福建运来甘薯，在自己的园子里种起来了。徐光启亲自种甘薯，获得成功。他

③ 利玛窦，Matteo Ricci，1552—1610。

特地写了《甘薯疏》一书，宣传种甘薯的好处和种植方法，于是上海一带普遍种起甘薯来了。

徐光启过去写过一本《种艺书》，是一部内容比较简单的农书。从59岁起，他开始编写“大部头”的《农政全书》。这部书有50多万字，共分60卷，12章，全面总结了中国农业科学的经验，包括农本、田制、农事、水利、农器、树艺、蚕桑、种植、牧养、制造、荒政等内容。书中既有摘录古书中的农业知识，也有许多作者自己的见解与经验。

徐光启花了4年时间，参考了252种图书，才写成这部农业巨著。如今,《农政全书》与《氾胜之书》《齐民要术》《陈旉农书》《王祯农书》并列为中国古代五大农书。

徐光启虽然曾经位居高官，但是为人正派，过着简朴的生活。1633年11月8日病逝，终年72岁。他去世的时候，身边只有1两银子、几件旧衣服。

幾何原本

徐霞客

（1586—1641）

明代地理学家。名弘祖，字振之，号霞客，南直隶江阴（今属江苏）人。幼年好学，博览图经地志。因见明末政治黑暗，不愿做官，专心旅行。足迹所到，北至燕、晋，南及云、贵、两广，旅途中备尝艰险。其观察所得，按日记载。死后季梦良等将他 1613—1639 年的日记，整理成富有地理学价值和文学价值的《徐霞客游记》。

奇人奇书——徐霞客

这篇故事的主角，是一位“奇人”。

这位“奇人”奇在哪里呢？

奇在终生热爱旅行。他从 22 岁开始，直至 54 岁去世，不停地外出旅行。他到过今天的江苏、浙江、山东、河北、山西、陕西、河南、安徽、江西、湖南、湖北、广

东、广西、福建、贵州、云南等地区。他到过三川（长江、黄河、珠江），到过五岳（泰山、华山、恒山、衡山、嵩山）。要知道，在他生活的那个时代，没有飞机，没有汽车，没有火车，没有轮船，除了小船等落后的交通工具，大都要靠两只脚行走。

这位“奇人”的旅行，十分奇特：他遇上高山，一定要登上顶；遇见山洞，一定要钻进去考察一番。他不怕虎豹，不惧盗贼，不畏风雨，知难而进。他每天坚持记日记，把当天的见闻，详细记录下来。这些留下来的日记，就是那本“奇书”。

“奇人”叫徐霞客，“奇书”叫《徐霞客游记》。

徐霞客名弘祖，字振之，霞客是他的号。由于他的游记用了徐霞客这名字，所以知道他本名的人倒不多。1586 年，他出生于江苏江阴，是一个世家子弟。

小时候，徐霞客就很讨厌那些枯燥乏味的经书，却爱读那些历史、地理和探险

游记。他向往瑰丽多姿的大自然。19 岁时，他的父亲逝世，家中只剩年迈的母亲。他的母亲很支持徐霞客，鼓励他说：“志在四方，男子事也。”母亲还亲自为徐霞客收拾行装。在这样一位胸怀宽广的母亲的积极支持下，徐霞客从 22 岁起开始进行考察旅行。

徐霞客餐风宿雨，千里跋涉，很少骑马、坐船，有时还要身背行李赶路。

他曾这样说过：

“不避风雨，不惮虎狼，不计程期，不求伴侣。”

“遇有名胜之区，无不披奇扶奥，一山一水，亦必寻其源而探其脉。”

有一次，徐霞客来到广西融县的真仙岩，要到一个山洞里考察，正好一条巨蛇横卧洞口。徐霞客毫不在乎，从蛇身上跨了过去，径自到洞里考察起来！

又有一次，徐霞客来到湖南茶陵的麻叶洞前，要进洞察看。当地的好多人都劝他别去，据说洞里有“神龙奇鬼”，会把人吃掉。徐霞客笑笑，坦然进去。他从来不相

信有什么神，也不相信有什么鬼。当他从洞里出来时，人们非常吃惊。当地人在那里住了那么久，还没有一个人敢进去呢！

最感人的是，徐霞客在51岁的时候，还决定到西南地区去考察。当时，徐霞客约了三个同伴一起去。其中有一个叫作静闻的和尚，和徐霞客志同道合，最为要好。然而，才走20天，有一个同伴就吃不消了，自管自地回家了。在广西南宁附近，静闻不幸得病，死在途中。徐霞客安葬了静闻之后，仍坚持旅行。这时，他的最后一个同伴吃不起苦，竟然偷了他的钱财，逃走了！徐霞客在这样困难的情况下，依旧坚持考察，直到54岁时完成了西南考察，这才回家。

在这次西南长途旅行中，徐霞客几度病重，三次绝粮。他的身体本来很健壮，经过这次长达4年的连续长途旅行，体质变得十分虚弱。回家后半年，就不幸病逝，终年只有55岁。他临去世时，床前还摆着从野外带回来的岩石标本！

现存的《徐霞客游记》，是后人根据徐霞客的日记整理、编印而成的，共10卷，60余万字。其实，这只是徐霞客游记的一部分，其余的都散失了，非常可惜！

《徐霞客游记》文字清新，是很有文学价值的散文。他把广西桂林的江上奇峰，比为“青莲出水”，而把风景奇丽的阳朔写作“碧莲玉笋世界”。

《徐霞客游记》更重要的价值，是在科学方面。它是一部古代杰出的地理学著作。现在的《徐霞客游记》，大部分是他51岁起的西南之行日记，其中详细记述了广西的石灰岩地貌和岩溶景观。岩溶，是一种特殊的自然现象：原来，雨水、河水里，或多或少总溶有一些二氧化碳。当这些水流过石灰岩时，那二氧化碳就会和石灰岩（主要化学成分为碳酸钙）发生作用，变成碳酸氢钙溶解于水。于是，石灰岩被溶成奇形怪状，还出现许多地下洞穴，这便是岩溶现象。

欧洲人爱士倍尔在1774年才进行岩溶考察（称为“喀斯特地貌”），而徐霞客比他早了100多年。

徐霞客还详细考察了广西桂林的“七星岩”，把它写入日记中。1953 年 9 月，中国科学院地理研究所对“七星岩”进行了勘察后，指出:“在 320 年前，徐霞客对这个洞穴所作的精简生动的真实描述，至今还可以作为我们研究洞穴时的对照参考。”

“奇人”徐霞客的一生，是不畏艰难险阻向科学顶峰不断攀登的一生，值得我们学习。

“奇人”写的“奇书”——《徐霞客游记》，具有文学与科学上的双重价值，将永远为后人所记取。

王清任

（1768—1831）

中国清朝医学家。字勋臣。河北玉田人。他认为“夫业医诊病，当先明脏腑”。敢于冲破封建礼教的束缚，曾去坟冢间观察小儿残尸，并去刑场检视尸体脏器结构。著《医林改错》，纠正了古代医书记载脏器结构及功能上的一些错误。

敢于“改错”的人——王清任

中国清朝时出版了一本名叫《医林改错》的书。这本书改正了许多流传多年的医学上的错误。这本书的作者，是富有创见，敢于“改错”的医学家王清任。

王清任，字勋臣，河北唐山附近的玉田县人。他从 20 岁左右开始行医，花了 42 年的工

夫写成《医林改错》一书。这本书虽只有 2.5 万多字，但很有价值。书中附有 25 幅插图，其中 12 幅是根据古书上对人体的看法画成的，13 幅是根据他自己的实地调查画成的，互相对照，可以清楚地看出错在哪里。

照理，人要认识自身的构造，就应当解剖人的尸体。然而，在中国封建社会时期，历来认为“身体发肤，受之父母”，谁如果解剖人体，就将被指斥为“大逆不道”。正因为这样，两千多年来，人们只能根据自己的想象来描绘人体的构造，当然会发生许多错误。

王清任认为，“百闻不如一见”，要想弄清楚人体的秘密，唯一的办法就是去实地观察、解剖人的尸体。

有一次，他听说一个人被大车轧死了，连忙赶去。但是，他只能在旁边看看，不能动手解剖。

机会终于来了。1797 年，河北麻疹流行，许多孩子被麻疹夺去了生命。王清任在去滦州稻地镇出诊时，一路上看到不少穷人的孩子死后用草席包裹，扔在野地里，有的被野狗咬破肚皮，内脏都露在外边。王清任跳下马来，不顾腥臭，冒着染上瘟疫的危险，仔细观察尸体的内脏，一边看，一边把它画下来。就这样，一连十来天，王清任埋头在坟场、野地里，查看了上百具尸体，从中找出30多副比较完整的内脏，绘制了人体的许多构造图。

这下子，王清任查出了古书上的错误之处。比如，古书上说，左肾是肾，右肾是“命门”。

然而，王清任察看了尸体，发现左肾与右肾是一样的，右肾根本不是什么“命门”。

还有，古人认为气管是与心脏相连的，有24个气孔……这些错误，也被王清任一一改正过来。

王清任深有体会地说：“著书不明脏腑，岂不是痴人说梦！”

王清任治学严谨。一个名叫汪子维的刻书商人得知王

清任在写《医林改错》，催他早点交稿。可是，王清任却很慎重，因为还有一个问题没弄清楚——横膈膜究竟是在心肺之上，还是在心肺之下？王清任说："这个问题没搞清楚，怎能贸然出书误人呢？"

王清任花了很多时间，探索横膈膜的秘密。他几次到刑场去看，也没弄清楚。原来，横膈膜很薄，破了以后就很难看清楚。

一直到1829年，他从一个病人那里，知道有一个武官，久经沙场，看见过许多兵士的尸体，可能知道横膈膜在哪里。王清任几次去访问他，由于王清任衣着朴素，被看门人挡在门外。后来，他好不容易见到了这位武官，才从他那里知道，横膈膜是在心肺之下。

1830年，王清任62岁了，通过深思熟虑之后，写成了名著《医林改错》。第二年，他就离开了人世。

王清任的一生说明：古人为什么会错？因为他们的"理论"不是来自实践；王清任为什么能改错？因为他的理论来自实践。实践，是辨别理论是非真伪的试金石！

右氣門
肺

道光庚寅年刊

玉田王清任著

醫林改錯

京都打磨廠胡同

文成堂書鋪發兌

亚里士多德

（前384—前322）

古希腊哲学家、科学家。古希腊学者中非常博学的人物之一，在哲学、美学、教育学、生物学、生理学、医学等方面都有贡献。主要著作有《工具论》《形而上学》《物理学》《伦理学》《政治学》《诗学》等。

古代的"博士"——亚里士多德

"没有一个动物同时具有长牙和角的。"

"反刍动物有一种多重胃，但是牙齿很不行。"

"长毛的四足动物胎生，有硬棱甲的四足动物卵生。"

……

可以看出，上

面的这些话，只有经过长期的观察、思考，并经过归纳、总结，才能说出来。

使人感到惊讶的是，这些话竟出自一位两千多年前的学者之口！

他就是著名的古希腊大科学家亚里士多德。

在两千多年前，古希腊的生产和科学技术还十分落后。然而，就在那样的年代，亚里士多德却酷爱科学，细致地研究了许多自然现象。

为什么“没有一个动物同时具有长牙和角”呢？

亚里士多德的回答是：“野兽有了长牙可以保护自己，何必再长角呢！”

为什么“反刍动物有一种多重胃，但是牙齿很不行”呢？

亚里士多德的回答是：“正因为它们的牙齿很不行，才要靠多重胃来帮助消化。在自然界中，一贯是从这一部分拿掉后，就会在另一部分加以补偿。”

为什么“长毛的四足动物胎生，有硬棱甲的四足动物卵生”呢？

亚里士多德的回答是：“这说明动物是可分为好多类的。不同类的动物，生育的方法是不同的。”

亚里士多德在公元前384年生于斯塔吉拉。他的父亲尼哥马克斯是一位医生。亚里士多德受父亲影响，从小喜爱大自然。后来，他博学多才的老师、著名的古希腊学者柏拉图（前427—前347）给了他良好的教育。

亚里士多德喜欢动手做实验，具有很敏锐的观察力，并善于进行总结和归纳。

亚里士多德曾解剖过至少五十种不同类型的动物，弄清了各种动物的内部构造。人们说，如果不是由于宗教不允许解剖人的尸体的话，亚里士多德一定会在那时候就研究人体的内部构造了。亚里士多德把五百四十种动物按照它们的形状分为十一大类，写入他的生物学著作。

这是人类第一次对动物进行详细的分类。

亚里士多德曾很详细地观察了鸡蛋孵成小鸡时胚胎的发育过程："心好像一块红血在蛋白的中间。这一点红持续跳着，然后伸出两条充满了血的血管，成旋涡的形状。有一层布满血管的薄皮包围着蛋黄。然后肢体才生长出来，最初是很小而且是白色的。"这样详细、如实的科学记录，在两千四百多年前是多么可贵！

亚里士多德根据他的解剖观察，指出"鲸是胎生的，不像产卵的鱼类"。这在人类认识史上，也是首创的。

亚里士多德不懂就问，善于思索。他曾注意到这样的遗传现象："有一个白种人的女子嫁给一个黑种人，他们的子女的皮肤是白色的，但到了孙儿那一代之中，皮肤又有黑色的。"那么，他们白皮肤的子女中，为何藏着黑皮肤的血统呢？这个问题，直到两千多年后孟德尔创立现代遗传学时，才找到了答案。

亚里士多德的学识非常渊博，撰写了许多著作。尽管其中的一大部分后来都散失了，但仅从那幸存的一小部分著作看，内容便涉及哲学、逻辑学、动物学、天文学、气象学、解剖学、诗学、修辞学、政治学等许多方面。他，不愧是一位古代的“博士”！

当然，由于时代的局限性，亚里士多德的著作中也有许多错误。比如他认为：

“重物体比轻物体坠落得快。”

“人用心脏思考。”

“地球是宇宙的中心。”

“世界上不存在原子。”

“一切能自由行动的动物，都是有灵魂的。”

……

亚里士多德死后，人们称他为“学问之神”，遇到不懂的事，总是说“去看看亚里士多德的著作吧”。后来，人们把他捧到了至高无上的地位，他说的所有的话，都成了真理。谁反对他的话，就成了“亵渎圣贤”，轻则问罪，

重则杀头。

其实，这不能归罪于亚里士多德。他在两千四百多年前，对科学作了那么广泛的研究，是何等难能可贵。即使讲了些错话，也是可以原谅的。应当责怪的是那些把亚里士多德“神化”了的人。

著名的意大利科学家伽利略在用事实否定了亚里士多德所说的“重物体比轻物体坠落得快”的论断之后，说了一段非常深刻的话：

“我并不是说我们就不应当倾听亚里士多德的话。相反地，我称赞那些虚心阅读和仔细研究他的人。我所反对的只是那些屈服于亚里士多德的权威之下的倾向，因此盲目赞成他的每一个字，不想去寻求其他的根据，而只是把他的每一个字看成颠扑不破的真理。”

伽利略的话是公允的、恰当的。

亚里士多德是伟大的。人们在他逝世时，曾用这样的话赞扬他：

“亚里士多德把科学给予了世界。”

欧几里得

（约前 330—前 275）

古希腊数学家。雅典人。著有《几何原本》十三卷，是世界上最早公理化的数学著作。欧几里得在这部书中，总结了前人的研究成果，从定义、公理和公设出发，用演绎法建立几何命题；书中还包括整数论的许多成果，如求两整数最大公约数的“辗转相除法”。

几何学之父——欧几里得

说出来也许会使你感到惊奇：原来，今天你所读的几何课本中的大部分内容，来自两千三百多年前的一部数学著作——《几何原本》。这部书的作者，便是被西方人誉为“几何学之父”的古希腊著名数学家欧几里得。《几何原本》在两千多年间，一直被用作几何学的课本。欧几里得是第一个把几何学系统化、条理化、科学化的人。

欧几里得出生在雅典，是埃及亚历山大大学的数学教授。著名的古希腊学者阿基米德，是他“学生的学生”——卡农是阿基米德的老师，而欧几里得是卡农的老师。

关于欧几里得的生平，没有详细的记载。然而，却流传着许多关于他的有趣的故事……

那时候，埃及人已经建造了高大的金字塔，可是谁也不知道金字塔究竟有多高。有人这么说：“要想测量金字塔有多高，比登天还难！”

这话传到欧几里得的耳朵里。他笑着告诉别人：“这有

什么难的呢？当你的影子跟你的身体一样长的时候，你去量一下金字塔的影子有多长。那长度便等于金字塔的高度！”

欧几里得的名声越来越大，以至连托勒密王国的国王也想赶时髦，学点几何学。国王把欧几里得请进亚历山大城的王宫，讲授几何学。谁知刚学了一点，国王托勒密就显得很不耐烦，觉得太吃力了。托勒密国王问欧几里得：“学习几何学，有没有什么捷径，一学就会？”

欧几里得笑道：“陛下，很抱歉，在学习科学的时候，国王与普通百姓是一样的。科学上没有专供国王行走的捷径。学习几何，人人都要独立思考。就像种庄稼一样，不耕耘，就不会有收获的。”

前来拜欧几里得为师学习几何的人，越来越多。有的人是来凑热闹的，看到别人学几何，他也学几何。一位学生曾这样问欧几里得：“老师，学习几何有什么好处？”欧几里得思索了一下，请仆

人拿点钱给这位学生，冷冷地说道:“看来，你拿不到钱，是不肯学习几何学的！”

欧几里得沉醉于他的几何学。他对做官、赚钱之类事情，没有多大兴趣。他认为，科学与权势、金钱无缘。正因为这样，他把毕生的精力献给了几何学。如今，人们还把他所研究的几何学称为“欧氏几何”，它是现代几何学的一门学科。

阿基米德

（前 287—前 212）

古希腊学者。生于叙拉古。发现杠杆定律和阿基米德定律。确定许多物体表面积和体积的计算方法，并设计了多种机械和建筑物。罗马进犯叙拉古时，他应用机械技术来帮助防御，城破时被害。

"等一下杀我的头"——阿基米德

公元前 212 年，一天的黎明，古罗马的军队偷袭了一个小国——叙拉古王国。

罗马军队悄悄地打开一扇城门，闯进叙拉古城。他们不急于进攻王宫，却直奔著名科学家阿基米德的住处。这是因为他们惧怕阿

基米德，胜过惧怕叙拉古国王亥厄洛。他们知道，阿基米德足智多谋，又富有爱国热情，不把他杀掉，休想征服叙拉古王国。

当罗马军队的士兵一脚踢开阿基米德的房门时，里面居然静悄悄的，毫无反响。罗马士兵以为阿基米德还在酣睡，仔细一瞧，只见地上一动不动地蹲着一个两腮长着长长花白胡子的人。

啊，是他，是阿基米德！他在干什么呢？原来，这位七十五岁高龄的老科学家，通宵未眠，正用双手托着下巴，聚精会神地看着画在地上的几何图形，以致连罗马士兵站在他眼前都未发觉。

当罗马士兵把寒光闪闪的利剑碰到阿基米德鼻尖时，这位老科学家才从数学的迷梦中惊醒，明白发生了什么事情。阿基米德毫无惧色，用手推开了剑，十分平静地说道，“等一下杀我的头，再给我一会儿工夫，让我把这条几何定律证明完毕。可不能给后人留下还没有解出来的难题啊！”他刚说完，又沉思起来，继续研究着地上的几何图形。残暴的罗马士兵不由分说，一剑砍死了这位伟大的科学家。

阿基米德在数学、物理学等许多方面，有过重大的贡献。阿基米德酷爱科学，常常废寝忘食。有时，阿基米德一边吃饭，一边在火盆的灰烬中画着各种几何图形，思索着解开难题的方法，以致连饭冷了都不觉得。那时候，人

们有一种用油擦身的习惯，阿基米德擦着擦着，竟用油在身上画起三角形来。

他发现的浮力定律，被称为“阿基米德定律”。这一著名的定律是阿基米德在洗澡时发现的。他在洗澡时觉得身体在水中轻了许多，从中受到启发，即“浸在液体里的物体受到向上的浮力，等于被该物体排开的液体所受的重力”。

阿基米德的杰出的成就，是与他的勤奋、专心、坚韧分不开的。

屠刀只能砍下阿基米德的脑袋，却无法砍掉他在科学上的功绩。在阿基米德死后，人们整理出版了《阿基米德遗著全集》，以纪念这位不幸遭难的科学巨人。

哥伦布（全名：克里斯托弗·哥伦布）

（约 1452—1506）

意大利航海家。生于热那亚。1476 年移居葡萄牙，曾向葡萄牙国王建议向西环球航行，以探索通往东方印度、中国的海上航路，未被采纳。1485 年移居西班牙。1492 年奉西班牙国王斐迪南二世和王后伊莎贝拉（又译伊萨伯拉）之命，率船 3 艘、水手 87 人，从巴罗斯港出航，横渡大西洋，到达巴哈马群岛和古巴、海地等岛。后又于 1493 年、1498 年、1502 年三次西航至牙买加及中美、南美洲等地。哥伦布误以为他所到达的地方是印度。

他不知道发现了美洲——哥伦布

当人们谈论起美洲的时候，总是说：“哥伦布是第一个发现美洲的人。”

其实，哥伦布自己并不承认到达的是美洲，而认为到达的是亚洲！

哥伦布出生于意大利热那亚，从小最爱读《马可·波

罗游记》。

马可·波罗（1254—1324）是意大利威尼斯人，著名的旅行家。他曾游历过中国、缅甸、印度。后来，在意大利的内战中，马可·波罗被捕，关在监狱里无事可做，便由他口述，请同狱的鲁思梯谦笔录，写成了《马可·波罗游记》。马可·波罗获释后，《马可·波罗游记》得以出版，很快销售一空，成为畅销书。人们曾开玩笑说，马可·波罗不坐牢的话，也许就没有《马可·波罗游记》了。

哥伦布从《马可·波罗游记》里得知，中国、印度这些东方国家富庶极了，简直是“黄金遍地，香料盈野”，于是便幻想能够远游，去那诱人的东方世界。

长大后，哥伦布一直想去东方。本来，人们都是通过陆路去东方。由于那时小亚细亚陆路受土耳其和阿拉伯控制，不易通过。哥伦布请教意大利地理学家托斯堪内，得知沿着大西洋一直往西航行，也能够到达东方。

哥伦布想坐船去东方。可是，他双手空空，谈何容易！

哥伦布制订了一个远航计划，先向葡萄牙国王建议，未被采纳；后又请求西班牙国王给予支持。1486年5月，西班牙王后伊莎贝拉召见哥伦布，虽然她对哥伦布的计划很感兴趣，可是没有马上答应。

一直到1491年年底，西班牙国王斐迪南二世和王后伊莎贝拉接见哥伦布，几经周折，才总算答应给予支持。

国王给了哥伦布3艘普通的帆船。可是，谁也不愿去远征，怕在半途中葬身鱼腹。后来，国王从刑事犯中挑选了一批人给哥伦布当水手。

1492年8月3日清晨，哥伦布带领87名水手，驾驶着“圣马利亚”号、“平特”号、“宁雅”号3艘帆船，离开了西班牙的巴罗斯港（塞维利亚港的古称），开始远航。

这是一次横渡大西洋的壮举。在这之前，谁都没有横渡过大西洋，不知道面前是什么地方。

海上的生活非常单调，水天茫茫，无垠无际。过了一天又一天，过了一周又一周，水手们沉不住气了，吵着要返航。

那时候，大多数人认为地球是一个扁圆的大盘子，再往前航行，就会到达地球的边缘，帆船就会掉进深渊！

依旧过了一天又一天，过了一周又一周，还是天连着水，水连着天。越来越多的人沉不住气了，要求返航的呼声越来越高。

唯独哥伦布坚持向西航行。他不得不把剑拔出来，强迫水手们向前航行。

在茫茫大海之中度过了两个多月。1492 年 10 月 11 日，哥伦布看见海上漂来一根芦苇，高兴得跳了起来！有芦苇，就说明附近有陆地！他们加强了瞭望。

果真，11 日夜里 10 点多，哥伦布发现前面有隐隐的火光。12 日拂晓，水手们终于看到一片黑压压的陆地，全船发出了狂欢声！

他们在海上航行了两个月零九天，终于见到一块陆

地：美洲巴哈马群岛的华特林岛。哥伦布把这个岛命名为“圣萨尔瓦多”，意即“救世主”。

哥伦布虽然踏上了新大陆——美洲，可是，他却认为这是亚洲。因为那时人们根本不知道在欧洲与亚洲之间，还存在着一个美洲——哥伦布压根儿想都没想过！

哥伦布在陆地上游历了一番。很遗憾，并不是马可·波罗吹嘘的那样“黄金遍地，香料盈野”。

哥伦布把39个愿意留在新大陆的人，留在那里。把10名俘来的印第安人押上船。1493年3月15日，哥伦布返回西班牙巴罗斯港。

回来以后，哥伦布成了英雄，受到了西班牙国王和王后的隆重接待。哥伦布高兴地向人们报告，他到达了“印度群岛”，到达了“日本”。

后来，哥伦布又三次横渡大西洋。不过，他的声誉不是越来越高，而是越来越低。这是因为西班牙国王和王后派他远航，为的是从“黄金遍地”的东方掠取黄金。可是，哥伦布并没有带回成箱成箱的黄金，只带来一些从印

第安人那里抢来的黄金首饰。

1500年10月，哥伦布被西班牙的国王和王后加上镣铐，他被指责为“骗子”。英雄变成了阶下囚。

1506年5月20日，哥伦布在贫病之中默默死去。临死，哥伦布仍然认为，他远航所到的是亚洲！

1519年，葡萄牙人麦哲伦（1480—1521）继承哥伦布未竟之业，做了一次环球旅行。直到这时，人们才证实了哥伦布发现的不是亚洲，而是美洲。直到这时，事实才驳倒了那种地球是扁圆大盘子、是有边缘的“理论”。直到这时，地球是一个球，才得到了事实的证明。

尽管哥伦布并不承认他发现的是美洲，但是西方人仍尊重他的功绩，把他誉为“发现美洲的人”。④

---

④ 据考证，在哥伦布之前一千多年，中国一位名叫慧深的和尚曾到达美洲。

1498

哥白尼（全名：尼古拉·哥白尼）

（1473—1543）

波兰天文学家，日心说（也称地动说）的创立人。曾在波兰和意大利的几所大学学习，研究数学、天文学、法学和医学。哥白尼最大的成就是推翻了在西方统治了一千多年的地心说，建立了日心说。哥白尼关于日心说的名著《天体运行论》，出版于 1543 年。

临死的挑战——哥白尼

1543 年 5 月 24 日，一位久卧病榻的老人已经气息奄奄。然而，他流露着期待的目光，似乎还想在临终前看一下什么。

他想见一下他的亲人？

不，他在期待着一本书，一本不平常的书！

忽然，他听见有人高喊："书来了，书来了！"

老人的脸上露出了笑容。

一本刚印好的新书，送到老人手中。老人的眼睛已经看不清东西了，他只好用手抚摸着这本新书，用鼻子闻着它的油墨香味。

过了大约一个小时，老人就与世长辞了。

这位老人，就是著名的波兰天文学家哥白尼。那本新书，就是老人花了毕生精力写成的不朽著作《天体运行论》。

这不是一本普通的书，这是一本挑战书！

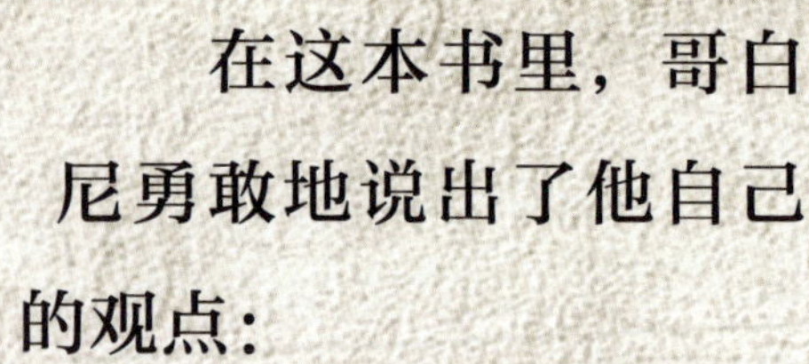

在这本书里，哥白尼勇敢地说出了他自己的观点：

“我主张地球是动的。”

“地球除自己旋转外，还有某些运动，还在遨游，它其实是一颗行星。”

“在所有的行星中，太阳是中心……”

“太阳高踞于王位之上，统治着周围膝下的儿女一样的众行星。”

在这本书中，哥白尼还写下了这样气壮山河的豪言：

“我不会在任何人的责难面前退缩下来。”

“对数学一窍不通的无聊的空谈家，会摘引《圣经》的章句，对我的著作进行非难和攻击。对这种意见，我决不予以理睬。我鄙视他们。”

果真，这本书出版之后，引起了极大的震动。罗马教皇看了之后，惊恐地说：“如果地球是众行星之一，那

么《圣经》上所说的那些大事件就完全不能够在地面出现了。”

著名德国诗人歌德深刻地指出：“哥白尼的地动说撼动人类意识之深，自古以来没有一种创见和发明，可与之相比。……哥白尼的学说在人类的意识中造成了天翻地覆的变化，地球既然不是宇宙的中心，那么，无数古人所相信的事物将成为一场空了。谁还相信伊甸的乐园、赞美的颂歌和宗教的故事呢？”

正因为这样，《天体运行论》出版不久，便被教会列为“禁书”，加以取缔。

为什么一本天文学著作，会引起教会如此惊恐呢？

原来，在公元 1 世纪末，也有人说是 2 世纪初，古埃及天文学家托勒密（父母是希腊人）在他的十三卷巨著《天文集》中，系统地提出了“地球中心说”，简称“地心说”。

托勒密认为，地球是宇宙的中心，地球是不动的，所有的星体都围绕着地球运转。他还认为，天有九层：第一

层是月球，第二层是水星，第三层是金星，第四层是太阳，第五层是火星，第六层是木星，第七层是土星，第八层是恒星，第九层叫“最高天”，那是上帝居住的地方。

在当时，托勒密能够提出这样完整、系统的学说，尽管它的基本观点是错误的，但也应当说是相当可贵的。因为人类对自然界的认识，总是逐步深入，有片面性、有错误并不奇怪。然而，由于托勒密的“地心说”符合基督教神学的观点，有人便把它捧上了至高无上的地位。

《圣经》认为，“上帝创造了天和地”“上帝按照自己的形象创造了人”，人类居住的地球，当然应当是宇宙的中心。托勒密的“地心说”，正好为基督教的教义提供了所谓的“科学根据”。

托勒密的理论，成了不可冒犯的教条。

1473年2月19日，哥白尼诞生于波兰托伦城。十岁时，父亲去世，他便跟随舅父路加斯·瓦兹德生活。他的舅父是一位学识渊博的主教，哥白尼深受影响，爱上了天文学和数学。哥白尼十八岁时，入克拉科夫大学艺术系

学习。他白天上课，夜间观测星星。后来，哥白尼又到意大利博洛尼亚大学攻读天文学，哥白尼成人之后，回到波兰，在弗伦堡天主教堂当牧师，哥白尼在教堂的一角，找到了一间小屋，建立了一个小小的观测台。他自己动手制造了四分仪、三角仪、等高仪等观测仪器。

哥白尼经过长期的观测，算出太阳的体积大约相当于161个地球（实际上比这个数字还大）。他想这么一个庞然大物，会绕着地球旋转吗？他开始对流传了一千多年的托勒密的“地心说”产生了怀疑。

哥白尼天天观测着，计算着。后来他终于创立了以太阳为中心的“日心说”。

僧侣们听说了哥白尼的新观点之后，都说他疯了。哥白尼只得躲避起来，继续埋头于天体研究。

从1510年开始，哥白尼动手写《天体运行论》。花了二十多年的时间，数易其稿，他终于写成了六卷巨著《天体运行论》。

哥白尼已预料到这本书将会遭到教会的激烈反对。他

在序言中写道：

“我知道，某些人听到我在《天体运行论》一书中提出地球运行的观念之后，就会大叫大嚷，当即把我哄下台来！

“我深深地意识到，由于人们因袭许多世纪以来的传统观念，对于地球居于宇宙中心静止不动的见解深信不疑，所以我把运动归之于地球的想法肯定会被他们看成荒唐的举动。”

鉴于当时教会势力的强大，哥白尼虽然深知自己手中掌握的是真理，但是否立即把这一真理公之于众，却踌躇不定。因而书稿完成之后，他把它放在贮藏室里，整整十年，未敢拿去出版。

1539 年，一位二十五岁的德国数学家雷蒂卡斯获知哥白尼创立一种新的天体运行理论，专程来到波兰向他请教。这位年轻人读了《天体运行论》的手稿，大为震惊，极力鼓动哥白尼出版这本著作。

在雷蒂卡斯和许多朋友的热情鼓励下，哥白尼终于下

定决心，把《天体运行论》送去出版。

可是，书刚刚印好，哥白尼就离开了人世。

恩格斯在《自然辩证法》一书中，高度评价了哥白尼的《天体运行论》：

“自然科学借以宣布其独立并且好像是重演路德焚烧教谕的革命行为，便是哥白尼那本不朽著作的出版，他用这本书（虽然是胆怯地而且可说是只在临终时）来向自然事物方面的教会权威挑战。从此自然科学便开始从神学中解放出来……”

塞尔维特（全名：米格尔·塞尔维特）

（1511—1553）

西班牙生理学家。曾在巴黎大学医学院任教授。1553 年发表巨著《基督教的复兴》，主张“灵魂本身就是血液”，灵魂随肉体死亡，这样一种非正统的观点。他提出了血液循环学说。1553 年，塞尔维特因异端的罪名，被教会法庭判处火刑。

真金不怕火——塞尔维特

1553 年 10 月 27 日，瑞士日内瓦刑场上火光冲天。著名的西班牙生理学家塞尔维特被教会用火活活烧死，年仅四十二岁。塞尔维特所著的、刚印出的《基督教的复兴》一书，也被扔进火堆，烧成灰烬。

临死前，塞尔维特面无惧色，铁铮铮地说了一句简短、有力的话：

“我既没有撒谎，也没有犯罪！”

塞尔维特确实没有撒谎，他的著作《基督教的复兴》是真实的记录。

塞尔维特确实没有犯罪，非但无罪，而且有功，他为科学作出了重大贡献。

那么，塞尔维特为什么会被活活烧死呢？

这是因为塞尔维特大胆地指出了盖伦（全名：克劳迪亚斯·盖伦，129—199）著作中的错误。盖伦是古罗马医师、自然科学家和哲学家，继希波克拉底之后的古代医学理论家。创立了医学知识和生物学知识的体系。他的学说在约2至16世纪时期被奉为信条。在哲学方面，他是亚里士多德的信徒。盖伦是古希腊的医学“权威”，他的医学理论统治西方医学界一千多年。塞尔维特被教会指责为“冒犯神明”。

盖伦认为，血液是肝脏制造出来的，它通过血管流向全身，被身体各部分所吸收，再也不会返回。

塞尔维特通过观察，却认为，血液由心脏的右心室里流出来，经过肺，被“改造”成鲜红色，再流回心脏的左心室。

塞尔维特用事实揭露了盖伦的谬误，并首创了血液心肺循环理论，在生理学上作出了重大贡献。

然而，塞尔维特却受到教会的迫害。1538年，塞尔维特被迫离开了他工作过的巴黎医学院，躲避到维也纳。他一边以医为业，一边继续研究血液循环问题。

1553年，塞尔维特把他关于血液循环的理论，写进了一本宗教著作《基督教的复兴》中。虽

然这一理论在书中只占六页左右，却又触犯了教会。尽管他是匿名出版这本著作的，但很快就被教会发现，并判处他死刑。

塞尔维特没办法，被迫逃到了日内瓦。在那里，本来是他好朋友的加尔文，却告发了他。于是塞尔维特被捕，并被用火刑处死。

塞尔维特为真理献出了自己的生命。

塞尔维特虽然被烈火夺去了生命。但是，“真金不怕火”，他的学说像黄金一样是烈火所烧不毁的，他的斗争精神在烈火中永存！

维萨里（全名：安德烈·维萨里）

（1514—1564）

比利时医生和解剖学家。近代解剖学的奠基人。意大利巴丢阿大学教授。他曾从事人的尸体解剖，翔实地记载了人体构造，著有《人体的构造》七册。他纠正了一直沿用的盖伦解剖学中许多有关人体结构的错误记载，对于近代医学科学的发展，起了很大作用。

科学不承认偶像——维萨里

在五百多年前，一些人曾为马有多少颗牙齿而发生激烈的争论。遗憾的是，争论的双方都不愿去找匹马查看一下它有多少颗牙齿，反而都去查古代的医学文献。由于各种古代医学文献上记载的马的牙齿数目不一样，这场争论无法得到统一的结论。

想想真好笑！人是人，狗是狗，猪是猪，这是三岁

孩子都懂得的常识。然而，在五百多年前，堂堂的医科大学教的却是“狗的解剖学”“猪的解剖学”。要知道，医科大学研究的是人，兽医大学才研究狗和猪，但是，那时候的一些人认为，人和狗、猪的构造差不多！

这是怎么回事呢？原来，在公元2世纪，有个叫作盖伦（见《真金不怕火——塞尔维特》一文）的医生给古罗马的一位皇族治好了病，古罗马皇帝便封他为御医。盖伦曾解剖过牛、羊、猪、狗、猴、熊，但是没有解剖过人体。由于盖伦是御医，被人们奉为古代医学的权威，于是他的著作便成了医学上的“圣经”，大家照抄照搬。其实，盖伦的理论有很多错误，因为他是根据牛、羊之类的解剖知识，推论人体的构造的。比如，盖伦认为人肝有5叶，就是从狗的肝分5叶推想而来的。

盖伦的“理论”整整统治了医学界一千多年。医科大学把盖伦的著作当课本。中国有个寓言叫《郑人买履》，说的是有一个郑人去买鞋时忘了带尺码，他宁可回家拿尺码，也不相信自己的脚。那时有些人也是这样，宁信一千多年前盖伦的著作，却不去解剖一具人的尸体，查看一下人体的内部结构。同时，中世纪顽固的宗教势力统治着欧洲，解剖人的尸体被认为是冒犯神明，大逆不道，这就严重地阻碍了科学的发展。

到了 16 世纪，比利时医生安德烈·维萨里勇敢地向盖伦挑战。他不顾教会的阻挠，跑到坟地、刑场里找人的尸体，详细进行解剖。

维萨里发觉，从人的尸体中所看到的真实情形，同盖伦著作中描述的有许多不同。比如说，盖伦认为，在人体中，心室间是有孔的，血液可以从右心室通过中隔的孔流入左心室。维萨里写道：

“在不久以前，我不敢对盖伦的意见表示丝毫的异议。但是中隔却是同心脏的其余部分一样厚密而结实，因此我看不出即使是最小的颗粒怎样通过右心室送到左心室去。”

维萨里在四五年内解剖了大量的尸体。24 岁时出版了《解剖图谱六幅》。

在学校里，维萨里把人的尸体搬进课堂，一边解剖，一边讲给学生们听。学生们大开眼界，辨清了是非真伪，听课的人达四五百人之多。

然而，维萨里受到教会势力激烈的攻击，咒骂他“渎神”。就连维萨里的老师，也反对维萨里。比如，盖伦认为人的大腿骨是弯曲的，维萨里拿着人的大腿骨说明它是直的。他的老师虽不能否认事实，却说道:“像今天所看到的人的大腿骨是直的这一点，很明显和盖伦的说法不符合，但这是近代人穿细腿裤的结果。”一句话，盖伦还是对的!

没办法，维萨里被迫离开了大学的讲台。但是他继续研究人体的解剖，在1543年出版了《人体的构造》一书。

维萨里被宗教裁判所判处过死刑。1564年，他在去巴基斯坦的途中病死，终年50岁。

“青山遮不住，毕竟东流去。”维萨里死后，英国科学家哈维继续努力探索，终于彻底推翻了盖伦体系，真理获得了最后胜利。

维萨里的一生说明：科学只尊重事实，科学不承认偶像!

哈维（全名：威廉·哈维）

（1578—1657）

英国医生，实验生理学的创始人之一。他根据实验研究，证实了动物体内的血液循环现象，并阐明了心脏在此过程中的作用。他还测定过心脏每搏输出量。1628 年发表《心血运动论》。1651 年发表《论动物的生殖》。

“小解剖家”——哈维

维萨里和塞尔维特向盖伦的错误理论猛开了两炮。接着，哈维又狠狠地开了一炮。到此，才终于把盖伦的错误理论彻底取代。

1578 年 4 月 1 日，哈维生于英国南海岸肯特郡法克斯敦市。哈维的父亲担任过法克斯敦市的市长，所以家庭比较富裕。

哈维小时候的生活道路很顺利，一年接着一年在学校里读书。19 岁时，哈维在剑桥大学获得了文学学士学位。后来，他弃文学医，到意大利去攻读医学。5 年之后，哈维成了一位年轻的医生，回到了英国伦敦。他获得了医学博士学位。

哈维是一位身材修长的青年，很爱运动，也很聪明。他热爱医学，常常白天给病人看病，晚上回家后还要解剖尸体，一直工作到深夜。

由于哈维医术高明，名气越来越大，以至于连当时的国务大臣都请他治病。哈维先后当上了英国国王詹姆士和查理一世的御医。

哈维很注意解剖动物和人体，从中进行研究。早在医学院读书的时候，同学们就称他为“小解剖家”。

哈维经过解剖人体，对照塞尔维特的著作，很同意塞尔维特的观点。根据测定，哈维进行了这样的计算：每一次从左心室里流出来的血液，大约有 2 盎司重。如果一个人每分钟心脏跳动 72 次，那么在 1 小时内，就从左心室中流出了 2 盎司 ×72 次 ×60 分钟 = 8640 盎司 = 540 磅（1 磅≈ 454 克）血液。也就是说，相当于一个人体重的 3 倍！

哈维这样一计算，就完全驳倒了盖伦的观点。因为盖伦认为血液是不断流向身体各部分，再不返回。如果真是这样，那么在 1 小时内岂不要从心脏中流出 3 倍于人体重的血液吗！哪来这么多的血液呢？

哈维还发现，人体中有两种血管：一种血管里流着鲜红的血液，叫作动脉；一种血管里流着暗红色的血液，叫作静脉。

哈维认为，人体内的血液是循环流动的：从心脏里流出，经过动脉血管，流入静脉血管，重新回到心脏。这就是著名的“血液循环说”。

哈维还解剖了40多种有血的动物，发现动物体内的血液也是循环的，并不像盖伦说的那样“一去不复返”。

哈维经过20年的观察、解剖、研究，写出了名著《心血运动论》，于1628年出版。

这本书的出版，立即招来许多社会名流的强烈反对。有人骂它是“荒诞的、无用的、虚妄的、不可能的、荒谬的、有害的”，一口气用了六个否定词！更有甚者，只花了14天，便写出一本书，对哈维花20年工夫写成的科学著作逐条加以驳斥！所幸哈维有着国王御医的金字招牌，那些人看在国王的面上，总算还不敢把哈维送入监狱或者判处火刑。

其实，盖伦写错了，倒也没什么可指责的。因为他是公元2世纪的人，在那样的时代能够提出他的医学理论，算是难能可贵的。问题在于一千多年以来，特别是那些与哈维同时代的人，迷信本本，不顾事实，那就大错特错了。

后来，随着医学的发展，哈维的学说终于得到世界的公认。

1657年6月3日，哈维病逝，终年79岁。他留下遗嘱，把自己所有的仪器、标本和书籍，全部献给了国家。

恩格斯高度评价哈维的贡献，指出：

“哈维由于发现了血液循环而把生理学（人体生理学和动物生理学）确立为科学。”

布拉赫（全名：第谷·布拉赫）

（1546—1601）

丹麦天文学家。任丹麦乌兰尼巴天文台台长二十年，进行了大量的天体方位测量。开普勒（全名：约翰尼斯·开普勒，1571—1630，德国天文学家）分析这些观测资料，发现了行星运动三定律，为牛顿发现万有引力定律打下了基础。第谷·布拉赫著有《路德福天文表》。

热爱星星的孩子——布拉赫

深更半夜，门无声地开了。一位少年披着衣服，赤着脚，轻轻地走出卧室，来到阳台上。这时，他长长地舒了一口气，仿佛一只久囚的鸟儿飞出了樊笼。

在阳台上，少年仰首观天，细细看着天上的星星。看着，看着，露水湿了他的头发，他也不觉得。一直到天快亮了，少年才又蹑手蹑脚地回到卧室，无声地关上了房

门，安然睡着了。

这位少年除了阴天、下雨之外，从春到夏，从秋到冬，每夜都会起床悄悄地观察星星。他的心，被星星迷住了！

然而，在白天，他却坐在教室里，听着米德尔老师给他上课。课程排得满满的。尽管如此，这位少年依旧坚持在半夜研究天文。

这位少年是丹麦人，名叫第谷·布拉赫。

第谷·布拉赫的父亲是一位著名的律师。布拉赫共有兄弟姐妹十人，他排行第二。布拉赫的伯父年老无子，布拉赫就过继给了伯父。

布拉赫的伯父有钱有势，他很希望布拉赫长大以后，成为一位有名望的律师。于是，他就专门聘请了一位家庭教师，给布拉赫上课。这位老师十分认真，每天给他讲述做律师所需要懂得的学问。

然而，布拉赫却不愿意做律师，心中迷恋着天上的星星。

布拉赫怎么会爱上星星呢？那是在他 14 岁的时候，有一天，天空发生日食。布拉赫非常仔细地观察了日食的全过程，从此对天文学产生了极为浓厚的兴趣。

正因为这样，布拉赫瞒着伯父和老师，坚持每夜观察星星。当他 17 岁时，已发现许多天文学书上写错了的星星的位置。

布拉赫长大以后，果真没有去当律师，而是成了著名的天文学家，在天文学上作出了许多贡献。布拉赫成为世界上最后一位也是最伟大的一位用肉眼观测的天文学家。他被誉为近代天文学的奠基人。

后来，丹麦国王腓特烈二世专门拨出 10 万金元，并把一个名叫汶岛的小岛划给布拉赫。布拉赫在岛上建立了乌兰尼巴天文台。“乌兰尼巴”，就是“天空的堡垒”的意思。这是世界上最早的大型天文台，布拉赫在这里设置了四个观象台、一个图书馆、一个实验室和一个印刷厂，配备了齐全的仪器。在那里，布拉赫工作了整整 20 年，每夜用肉眼观察星星，写出了著名的天文学专著《路德福天文表》。

1599年，布拉赫读到一本名为《神秘的宇宙》的书，作者是年轻人约翰尼斯·开普勒（1571—1630）。布拉赫非常赏识开普勒的天文学造诣和认真的研究态度，给开普勒寄去路费，邀请他担任自己的助手。

1600年29岁的开普勒来到布拉赫的身边，成为他的助手。布拉赫慷慨地帮助开普勒，反而引起小心眼的开普勒的妻子的猜疑，以为布拉赫对他另有所图。开普勒一气之下，给布拉赫留下一封责骂的信，不告而别，扬长而去。

布拉赫见信之后，知道开普勒产生误会，写了长信给他，坦诚地欢迎开普勒归来。

开普勒被布拉赫的热情所感动，终于回到布拉赫身边，并一再道歉。布拉赫不计前嫌，把自己所有观测资料和手稿交给开普勒，并向国王介绍、推荐开普勒。

翌年——1601年10月24日，布拉赫去世，终年55岁。国王为布拉赫举行了隆重的葬礼。

开普勒接替了布拉赫的工作，并继承了他的宫廷数学家的职位。开普勒后来成为著名的天文学家。

布鲁诺（全名：乔尔丹诺·布鲁诺）

（1548—1600）

意大利文艺复兴时期唯物论哲学家。因反对经院哲学，被宗教裁判所判处死刑，烧死于罗马。他接受并发展了哥白尼的日心说，认为宇宙是无限的，太阳系只是宇宙中的一个天体系统。主要著作有《论原因、本原和太一》《论无限、宇宙和诸世界》《驱逐趾高气扬的野兽》等。

烈火烧不了真理——布鲁诺

1592年5月，一艘木帆船在意大利威尼斯码头靠岸了。

码头上，一位矮胖的威尼斯贵族，笑容可掬地站在那里迎候贵客。

从船上走下一个40来岁的男人，身材修长，两道浓眉下射出坚定的目光。他正想走向那位满脸堆笑的“老朋友”，却立即被几条大汉拦腰抱住。他，被捕了！

这时，他用怒目注视着那个贵族，知道自己上了贵族的圈套。

这位被捕的人叫作布鲁诺，意大利人，在国外流浪多年，是罗马教会的怨敌。

那是在 16 年前——1576 年，布鲁诺本来在意大利那不勒斯修道院当修道士，由于他写了批判《圣经》的文章，被修道院宣布为“异端”，开除了教籍。布鲁诺只身逃到罗马，后来又逃到威尼斯，依旧进行反宗教活动。

宗教法庭发布了通缉布鲁诺的命令。1578 年，布鲁诺越过终年积雪的阿尔卑斯山，流落异国。

布鲁诺在国外度过了 10 多年逃亡生活，先后到过法国、瑞士、英国、奥地利、匈牙利、捷克。

就在这个时候，布鲁诺读到了被教会列为“禁书”的哥白尼的《天体运行论》。

布鲁诺一口气读完了这部名著，深为哥白尼的真知灼见所感动。他举双手赞成哥白尼的观点。从此，布鲁诺在他的反宗教活动中，又多了一项重要的内容——宣传哥白尼的“日心说”。

布鲁诺于1548年出生在意大利那不勒斯附近的一个农民家庭。他自幼喜欢天文学和哲学，也很爱文学。此时，他根据自己对天文学的研究，进一步发展了哥白尼的学说。他写出了《论无限、宇宙和诸世界》《论原因、本原和太一》等论著，大胆地指出：“宇宙是无限大的，其中的各个世界，是无数的。”他不仅认为地球绕着太阳旋转，而且认为宇宙中有许多像太阳那样的恒星，只不过它们离地球很远，看上去很小罢了。

《天体运行论》刚出版，哥白尼就去世了。布鲁诺继承了哥白尼的事业，到处奔走，四处宣传“日心说”，引起了罗马教会极大的恐慌。于是，他们设下了圈套，用布鲁诺过去的一位朋友、威尼斯的那位贵族的名义，邀请布鲁诺返回故乡。

布鲁诺被捕之后，被送进了监狱。

毒刑、监禁、辱骂、威逼，动摇不了布鲁诺的意志。他坚信真理，他的意志是钢铁铸造的。

面对教会的审讯，布鲁诺大声表明不能改变自己的观点，他说:“我不能够。我不愿放弃。我没有可以放弃的事物。”

教会终于决定对他下毒手。

1600年2月17日，乌云笼罩着罗马的鲜花广场。高大的十字架上捆绑着布鲁诺，十字架下堆满了木柴。

虽然布鲁诺经过8年监禁，身体已十分虚弱，但他仍然高昂着那面容白皙、长满胡子的头，冷眼看着那在寒风中瑟瑟发抖的审判官。

宗教裁判所的审判官当众念完判决词之后，布鲁诺无畏地呵斥道:

“你们对我宣读判决词，比我听判决词还要感到畏惧!”

布鲁诺视死如归，在熊熊烈火中为真理而献身。

烈火虽然烧死了布鲁诺，可是烈火烧不了真理。

真理最终战胜了强权。不朽的战士——布鲁诺，赢得了全世界人民的尊敬。

结束语

谁都爱听有趣的故事。

这套《叶永烈讲科学家故事》系列丛书讲述了数十位科学家的生平故事。在每一个故事前面，还附有这个故事的主人公——科学家的简历。

这些故事告诉你，科学家是多么勤奋，惜时如金；

这些故事告诉你，科学家是多么勇敢，知难而进；

这些故事告诉你，科学家是多么谦逊，从不炫耀；

这些故事告诉你，科学家是多么好学，孜孜不倦；

这些故事告诉你，科学家是多么坚定，捍卫真理；

……

读完这本书，你一定会被这些科学家热爱科学、献身科学的精神所感动，并从中得到许多宝贵的教益。

科学的希望在于未来。预祝在不久的将来，在你们中间，涌现几十个、几百个、几千个、几万个……新科学家，为科学作出新贡献。

叶永烈